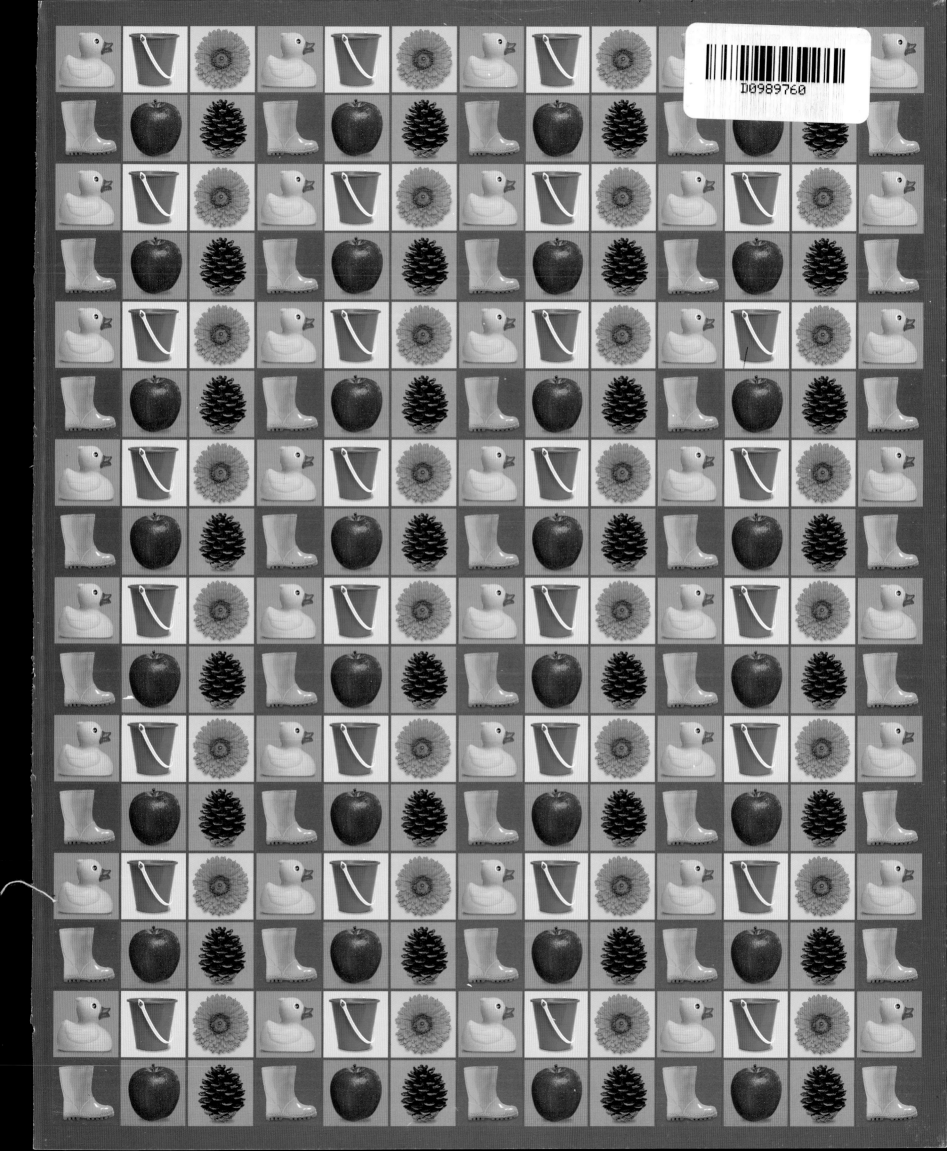

Édition publiée par Les éditions Scholastic,
175 Hillmount Road,
Markham (Ontario) L6C 1Z7

Créé et produit par
Picthall and Gunzi Limited
Royaume–Uni

Directrice de la rédaction : Christiane Gunzi
Conception graphique : Dominic Zwemmer
Conseillères : Diana Bentley MA PGCE et Jane Whitwell
Photographie : Steve Gorton
Concept original : Chez Picthall
Graphisme : Paul Calver, Tony Cutting, Ray Bryant
Rédaction : Lauren Robertson
Production : Lorraine Estelle

Données de catalogage avant publication
de la Bibliothèque nationale du Canada
Picthall, Chez
        Mon premier livre de mots
Traduction de: My world.
Comprend un index.
ISBN 0-7791-1384-5
1. Vocabulaire—Ouvrages pour la jeunesse. I. Titre.
PC2445.P49 2002   j448.1   C2002-901094-2

Reproduction : Colourscan, Singapour
Impression et reliure : Wing King Tong, Chine

**Picthall and Gunzi aimerait remercier les personnes et organismes
suivants pour leur contribution au cours de la production de ce livre :**

Aide rédactionnelle : Margaret Hynes, Jill Somerscales et Susan Stowers
Recherche d'images : Louise Thomas et Mariana Sonnenberg, d'Ilumi
Modèles : Ray Bryant; Belinda, Grace et Molly Ellington; Isabelle
Goodridge; Sam Hinson; Amber et Tai Sayers; Lily Smith; Anthony
Stubbs; Yvonne et John Syme; Jesse Tyrell
Accessoires : Doll's House Parade, Bromley; Freelands Tiles, Bromley;
Christopher Hinson; Audrey Picthall; The Urban Gardener, Bromley;
Voyce, Bromley

6 5 4 3 2   Imprimé en Chine   07 08 09 10

A = au-dessus; H = haut; C = centre; B = bas; G = gauche; D = droite.

L'éditeur tient à remercier les personnes, entreprises et organismes qui suivent pour lui avoir
gracieusement permis de reproduire leurs photographies :

Adams Childrenswear Limited: 45BGA; BMW: 46CDA, 46CDB; British Telecommunications plc:
25BCG; Canon (UK) Ltd: 25BC; Cardale Doors Ltd: 22HD; Bruce Coleman: Atlantide Snc 47HGB;
Anthony Bannister 53CDB; Mr J Brackenbury 49HG; Jane Burton 57CGGB, 57CDDB; Mr P
Clement 49HCBD, 49CGG; Bruce Coleman Inc. 57BD; Bruce Coleman Ltd 23BC; Jules Cowan
49HC; MPL Fogden 56HG; Paul Van Gaalen 54CG; Tore Hagman 48CBG, 49BG, 51HC; Werner
Layer 48HG; Ron Lilley 53HG; Robert Maier 57BG; Joe McDonald 56HD; Orion Press 46HC; Allan
G Potts 52CDDB, 57CD; Hans Reinhard 48HCG, 48CBD, 50HD, 50CGGB, 51BC, 55CDB,
57CGB; Jorg & Petra Wegner 54BD; Corbis UK: James L Amos 49HCBG; Tony Arruza 22CAD;
Craig Aurness 58HC, 60HD; Sharna Balfour 54CBG; Bruce Burkhardt 50CGGA; Pat Doyle
57HCD; D Robert Franz 46HG; Darrell Gulin 50CDB, 50CDDB; Dan Guravich 57CGGA; Peter
Johnson 22CBD; Wolfgang Kaehler 50BD; Philippa Lewis 22CBG; Craig Lovell 54BG; Lawrence
Manning 43HC; Dennis Marsisco 45CD; Eddy Mayhew 50CGA; Gail Mooney 22CAG; Diego
Lezama Orezzoli 50BG; Robert Pickett 38CBD; David Samuel Robbins 57HD; Kevin Schafer
51CG; Paul A Souders 44CD; Jim Sugar 47HDB; Patrick Ward 44BG; Daimler Chrysler Limited:
47CGB; Deere & Company: 50HG, 51BG; Dorling Kindersley Picture Library: 47BC; Dyson:
25HCG, 25BD; Eyewire Collection: 60CGA; FPG International: Larry Bray 44HCG; Dennie Cody
43HD; Jim Cummins 40CGGA, 43CDB; Rick England 22BG; Lee Foster 56BCG; Peter Gridley
22HG, 22HC; Steve P Hopkin 38CBD; Dick Luria 45CG; JP Nacivet 42BD; Gail Shurnway
56CDDB; Steve Smith 43CGA; John Terence Turner 43CAD, 58CGGB; V.C.L. 42C; Frank
Greenaway: 38HC, 48CG, 48CD; Christiane Gunzi: 38CAG; Halfords Ltd: 45BG; Robert Bosch
Limited: 26B, 27CG, 38BD; Robert Harding Picture Library: 40BGA, 53CDA, 59BD; Scott
Barrow/International Stock 45HD; Teresa Black 46CBG; Warren Faidley/International Stock
58CGGA; Roger Markham-Smith/International Stock 46BG; C Martin 60BG; S Sassoon 56BD;
Guy Thouvenin 42BC; Wood Sabold/International Stock 42HD; HMV UK Ltd: Hugh Thompson
45HD; Image Bank: Bernard AEF.Andre 60BC; AJA Productions 60CDA; Will Crocker 36HG,
60BD; Steven Hunt 56CGGB; Jeff Hunter 56CGA; Frans Lemmens 56CDDA, 60HG; Michael
Meford Inc. 42BG; Lynne Warberg 43CDA; Clark Weinberg 46BCG; Art Wolfe 58HG; Yellow Dog
Productions 43BD; ImageState: 22BD, 41HC, 43BCG, 45BC, 59HD, 59BG; Frank Lane Picture
Agency: Robin Chittenden 49CD; Hugh Clark 51CD; Wendy Dennis 55CBD; Foto Natura
56HCD; David Hosking 56BG; Frank W Lane 51HD; S&D&K Maslowski 48CAG; Chris Mattison
54CAD; Minden Pictures 48HCD, 49BCG, 51CAG, 51CDB, 54HG, 54HC, 54HD, 54CDA, 54CDB,
54BCD, 55HG, 55HC, 55HD, 55CGA, 55HCB, 55HDB, 55CD, 55CBG, 55BG, 57HG, 57CDA,
57CDB, 57BCG, 57BCD; Fritz Polking 48BG; L Lee Rue 52HD; Roger Tidman 49CDD; Roger
Wilmshurst 49HD, 49BCGA; Martin Withers 56CDB; Multiyork: 24HG, 24BC, 25HD, 25G;
NewsCast: 47HG, 47CD; Oxford Scientific Films: Stuart Bebb 58HD; G Bernard 50CDA; Alan et
Sandy Carey 50HC; Susan Day 52BCD; Warren Faidley 58CG, 58BD; Mark Hamblin 49CG;
Manfred Pfefferle 49CDA; Marto Mage 51HD; Konrad Wothe 55BGA; Photodisc: Mel Curtis
43HG; Photolink 60CGB; Jeremy Woodhouse 53CD; Chez Picthall 48HD; Pictor International:
42HG, 43CAG, 44HG, 44HD, 45HD, 46HD, 46BCD, 52HC, 58CDA; Robert Llewellyn 42D;
Science Photo Library: Simon Fraser 58BG; NASA 47HCBD; Mark Smith 48BCG; Paul Zahl
56CDA; Art Wolfe 56CGB; Sony UK: 24CG, 24CGB, 25CG; Stena Line: 46CBD; Stone: Jerry
Alexander 51BD; Simon Bruty 47BD; Peter Cade 59HC; Laurie Campbell 42HC; Anthony Cassidy
47CB; Jean-Francois Causse 47HCBG; Stewart Cohen 45C, 45BD; Cosmo Condina 58BC; Joe
Cornish 44HGB; Daniel J Cox 55BD; Tony Craddock 49HDB; Tim Davis 57HCD; David Epperson
46C; Tim Flach 56CGGA; Robert Frerck 44BD, 51CAD; Suzanne & Nick Geary 45HG; Renee
Lynn 57CGA; Gary Moon 51C; Kevin Morris 51BCA; Martine Mouchy 46CGA; Jean Pragen
58CDD; Colin Prior 47BG; Timothy Shonnard 58CDB; Don Smetzer 44C; Robin Smith 47CG; Oli
Tennent 46BD; Bob Thomason 60HC; Bob Torrez 42CGA; Bill Truslow 60CDB; Mark Wagner
47HD; Stuart Westmorland 56HCG; Art Wolfe 51CDA, 54BCG; David Young-Wolff 47CDB;
Telegraph Colour Library: Planet Earth/Mary Clay 56BCD; Woodfall Wild Images: 50CGB,
54CAG; Adrian Dorst 3BG, 53HCG; Tony Sweet 50CDDA; David Woodfall 48BD; Dominic
Zwemmer 49BD

Mon premier livre de mots

Chez Picthall

Les éditions Scholastic

Table des matières

Note aux parents	7	L'heure du coucher	36
Les couleurs	8	Dans le jardin	38
Les formes	10	Dans la remise	39
Les motifs	12	À l'école	40
L'alphabet	14	Au parc	42
Les nombres	16	Au magasin	44
Mon corps	18	Les moyens de transport	46
Les vêtements	20	À la campagne	48
À la maison	22	À la ferme	50
La famille	23	À la mer	52
Dans la maison	24	Les animaux sauvages	54
Dans la cuisine	26	Des animaux incroyables	56
La nourriture et la boisson	28	Les bébés animaux	57
Les fruits	30	Le temps qu'il fait	58
Les légumes	31	Les saisons	59
L'heure du jeu	32	L'heure	60
L'heure du bain	34	Index	61

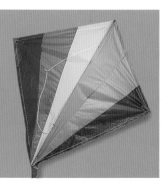

Note aux parents et enseignants

Ce livre a été créé en collaboration avec des parents, des experts en éducation et des auteurs pour enfants. Il vise à aider les parents, les éducateurs et les enseignants à explorer les premiers concepts d'apprentissage avec des enfants de moins de cinq ans, en créant un environnement qui stimule la communication. *Mon premier livre de mots* permettra à l'enfant d'âge préscolaire d'acquérir des habiletés essentielles dans le domaine du langage et de la reconnaissance des nombres.

Vous trouverez dans ce livre éducatif et amusant un grand nombre de mots connus de la plupart des enfants de cinq ans. Les photographies colorées d'objets courants et inusités aideront les enfants à mieux connaître le monde qui les entoure.

La présentation thématique originale encouragera les tout-petits à établir des liens essentiels entre les chiffres, les mots et les images, ce qui constitue une étape préparatoire à l'école.

« Je suis fière d'avoir participé à l'élaboration de ce livre. Il contribuera au développement du vocabulaire des enfants et leur procurera des heures de plaisir. »
Diana Bentley,
consultante en éducation

« Ce livre sera feuilleté à maintes reprises. Les enfants y feront une foule de découvertes! »
Jane Whitwell,
consultante en éducation

Quelques conseils

Lorsque vous consultez ce livre avec l'enfant, il est important de créer une atmosphère calme qui l'aidera à établir son propre rythme. Veillez à encourager souvent l'enfant et à terminer la lecture sur une note positive. Votre objectif est de lui faire aimer la lecture. Rappelez-vous que les enfants apprennent plus vite lorsqu'ils s'amusent.

Mon premier livre de mots n'a pas été conçu pour être lu d'un trait, du début à la fin, mais plutôt pour que vous et l'enfant puissiez le feuilleter à votre guise. Les conseils suivants pourront vous guider :
• Choisissez d'abord une section.
• Demandez à l'enfant de nommer tous les objets qu'il reconnaît. N'oubliez pas de le féliciter!
• Montrez-lui un élément nouveau et profitez-en pour en parler avec lui. Par exemple : *« C'est un hippocampe. Il vit dans la mer. »*
• Posez-lui les questions qui figurent au début de chaque page. Elles constituent un bon

point de départ, car elles visent à stimuler les enfants en fonction de leur niveau de développement. Les questions destinées aux plus jeunes font appel à des habiletés de reconnaissance directe : *« Quelle est ta couleur préférée? »* Pour les enfants un peu plus âgés, les questions vont plus

loin : *« Peux-tu trouver un cerf-volant? »* Dans le cas des enfants plus avancés, on leur demande de regarder plusieurs images et d'établir un lien entre elles : *« Quels animaux vivent dans l'eau? »* Vous pouvez aussi encourager l'enfant à faire un lien entre un objet et son usage quotidien. S'il n'est pas capable

de répondre à l'une ou l'autre des questions suggérées, servez-vous des illustrations pour créer vos propres questions.

Peu importe la façon dont vous utiliserez ce livre, de nombreuses heures de plaisir et d'apprentissage vous attendent. Amusez-vous bien!

Les couleurs

Quelle est ta couleur préférée?

De quelle couleur sont tes vêtements aujourd'hui?

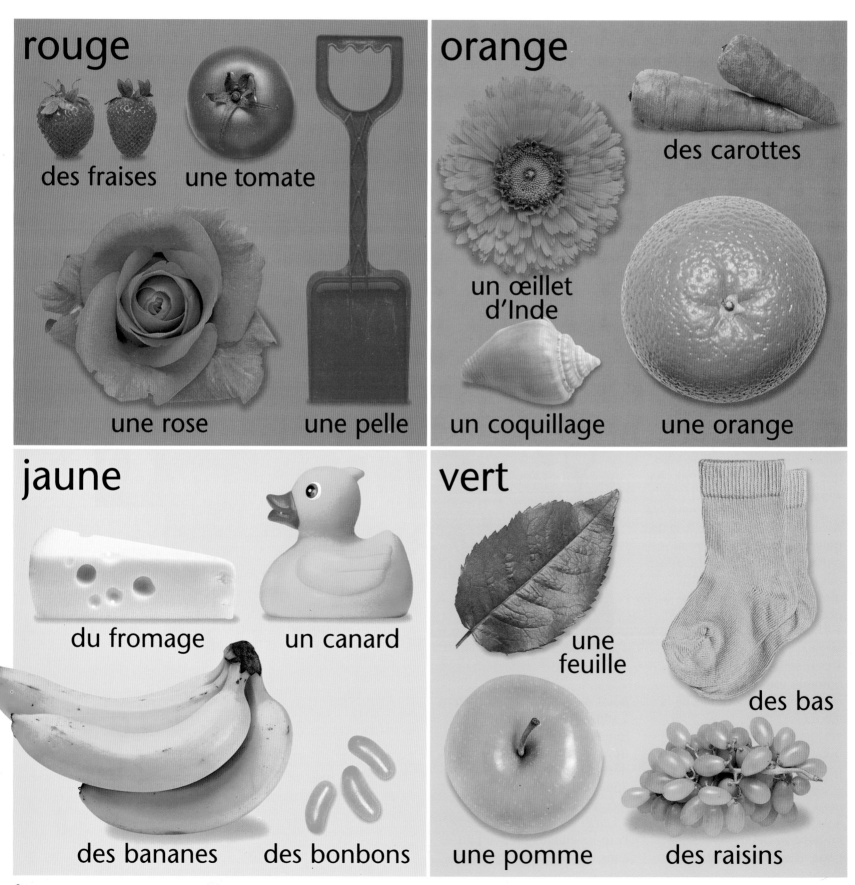

rouge

des fraises

une tomate

une rose

une pelle

orange

des carottes

un œillet d'Inde

un coquillage

une orange

jaune

du fromage

un canard

des bananes

des bonbons

vert

une feuille

des bas

une pomme

des raisins

bleu

un seau

un jean

des bleuets

une lampe de poche

violet

une pensée

une pierre précieuse

des crayons-feutres

un chou

gris

un éléphant

brun

une pomme de pin

un biscuit

or

des étoiles

des pièces de monnaie

argent

un anneau

une fourchette

rose

des gants

de la lotion pour bébé

des crevettes

un cochon

noir

du charbon

un chat

des olives

des souliers

Les formes

Combien de cubes vois-tu? De quelle forme est l'œuf?

Peux-tu trouver un cerf-volant?

le cercle

des bracelets

des boutons

un biscuit

un yo-yo

une assiette

le triangle

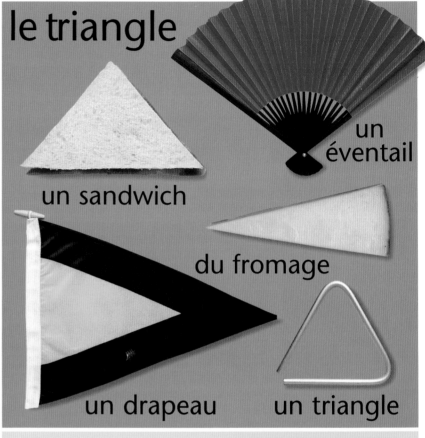

un sandwich

un éventail

du fromage

un drapeau

un triangle

le carré

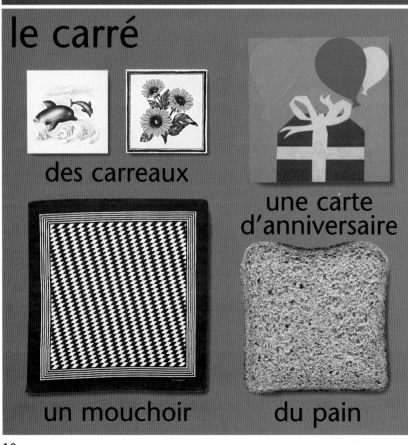

des carreaux

une carte d'anniversaire

un mouchoir

du pain

le rectangle

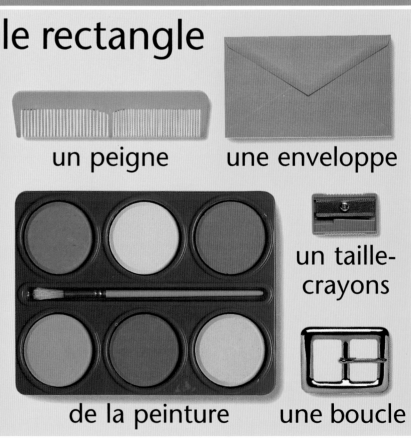

un peigne

une enveloppe

un taille-crayons

de la peinture

une boucle

la sphère

des billes

une boule
de Noël

une pêche

un ballon

l'ovale

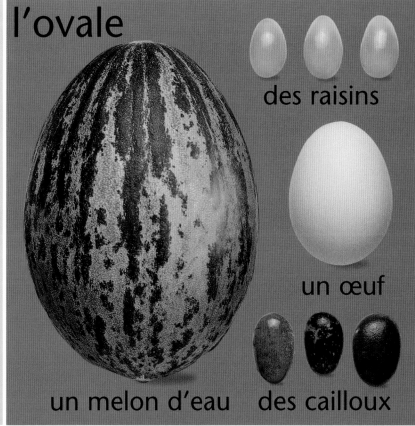

des raisins

un œuf

un melon d'eau

des cailloux

le cœur

un cœur en
chocolat

le losange

un
cerf-volant

la spirale

des pâtes

le croissant

un
croissant
de lune

le cube

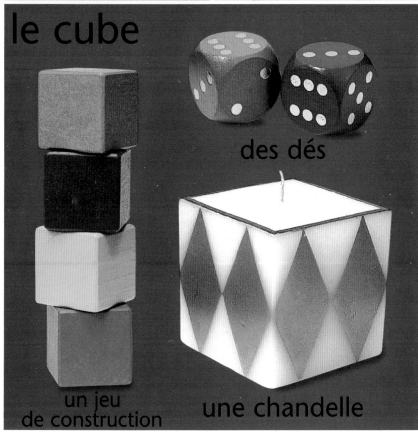

des dés

un jeu
de construction

une chandelle

l'étoile

un
insigne

une baguette
magique

une étoile de mer

des étoiles
dorées

Les motifs

Vois-tu un animal tacheté? Quel motif préfères-tu?

Trouve un objet à carreaux!

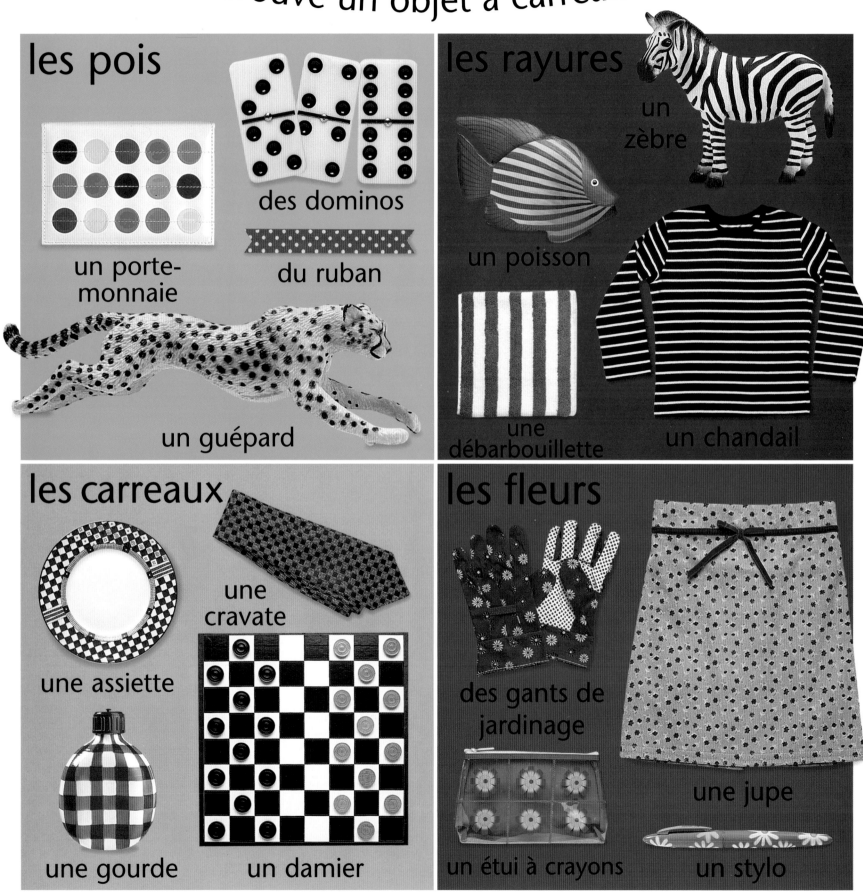

les pois

des dominos

un porte-monnaie

du ruban

un guépard

les rayures

un zèbre

un poisson

une débarbouillette

un chandail

les carreaux

une assiette

une cravate

une gourde

un damier

les fleurs

des gants de jardinage

un étui à crayons

une jupe

un stylo

les étoiles

une valise

un sac de papier

une tasse

les lignes ondulées

un contenant en carton

un livre

une poupée russe

les tartans

un chouchou

des pantoufles

des calepins

une chemise

les zigzags

un bracelet

des bas

13

L'alphabet

Où est le Z?   Peux-tu épeler ton nom?

Récitons l'alphabet ensemble!

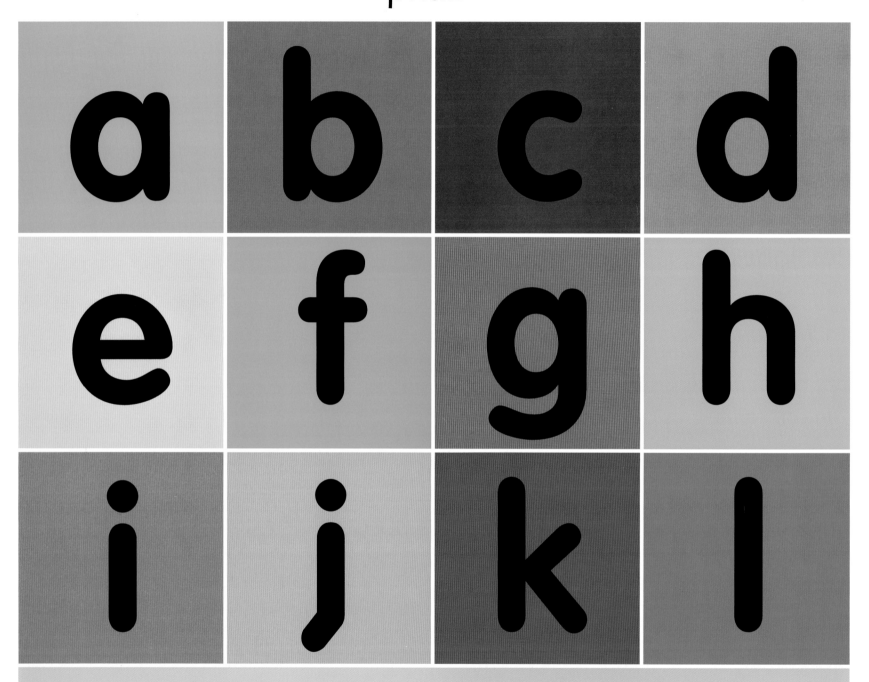

a b c d e f g h i j k l m n o p q r s t u v w x y z

A B C D E F G H I J K L M N O P Q R S T U V W X Y Z

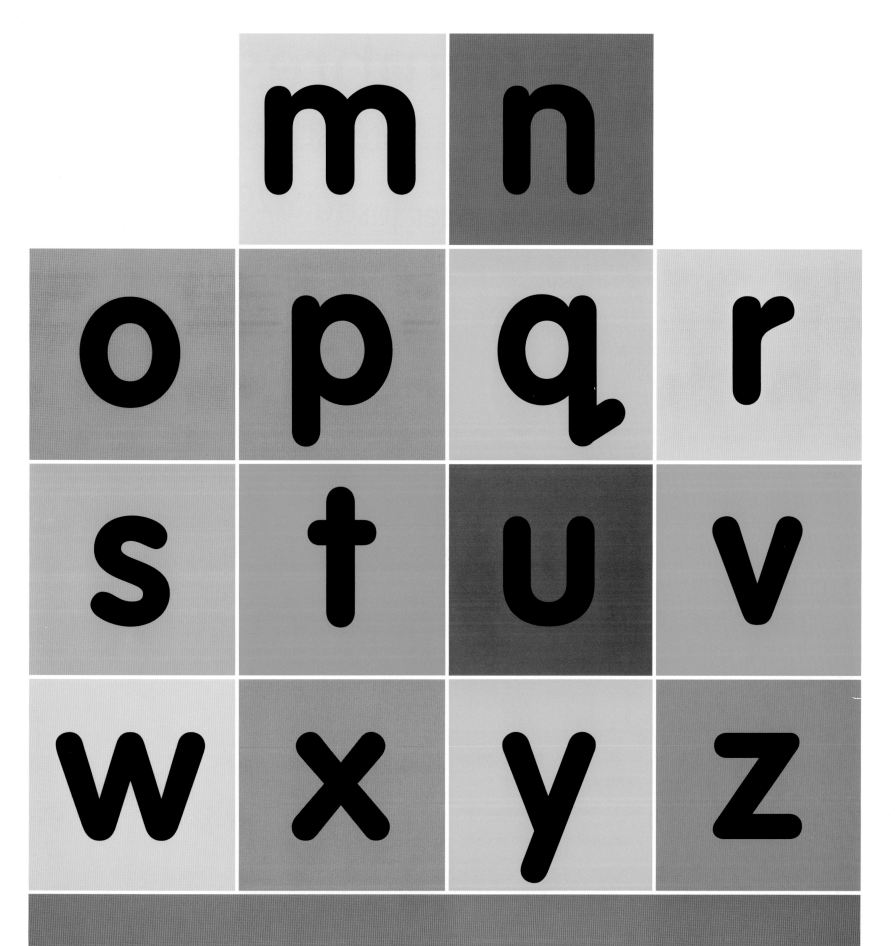

m n

o p q r

s t u v

w x y z

A B C D E F G H I J K L M N O P Q R S T U V W X Y Z

a b c d e f g h i j k l m n o p q r s t u v w x y z

Les nombres

Compte jusqu'à 10!   Où est le chiffre 7?

Peux-tu compter jusqu'à 20?

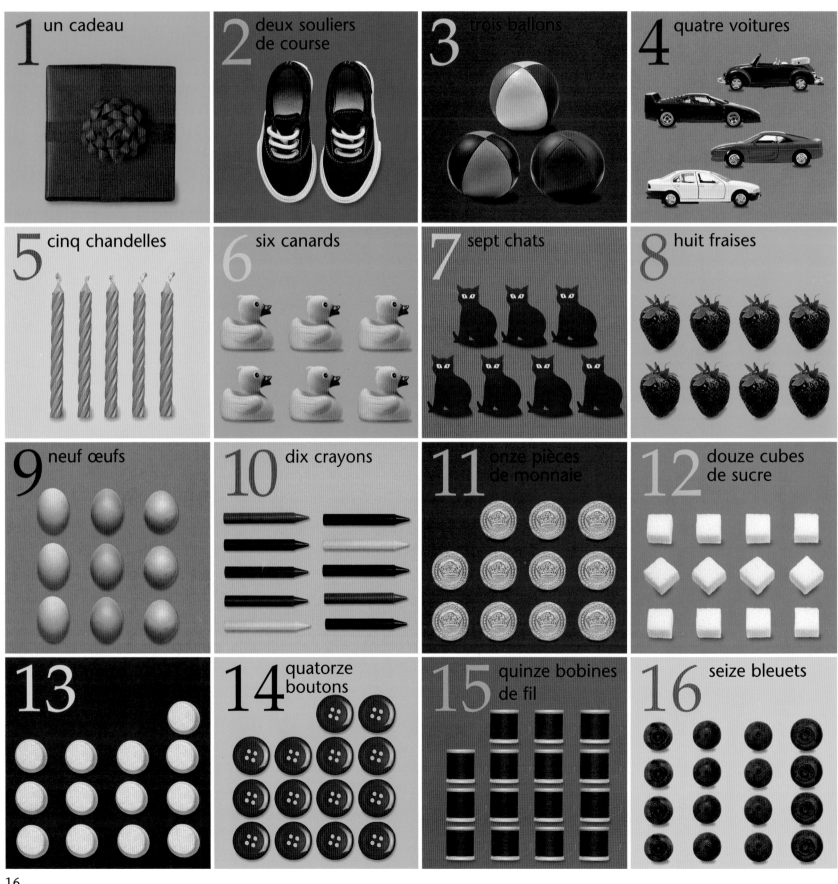

1 un cadeau

2 deux souliers de course

3 trois ballons

4 quatre voitures

5 cinq chandelles

6 six canards

7 sept chats

8 huit fraises

9 neuf œufs

10 dix crayons

11 onze pièces de monnaie

12 douze cubes de sucre

13

14 quatorze boutons

15 quinze bobines de fil

16 seize bleuets

17 dix-sept perles

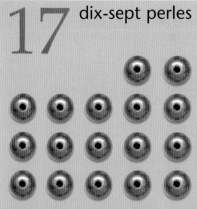

18 dix-huit bonbons

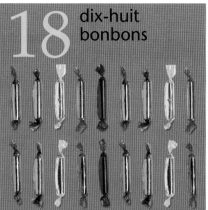

19 dix-neuf taille-crayons

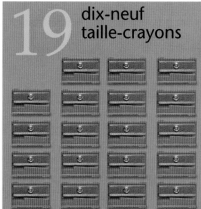

20 vingt autocollants

30 trente coquillages

40 quarante biscuits

50 cinquante fleurs

Mon corps

Bouge tes orteils! Où sont les yeux?

Combien de parties du corps connais-tu?

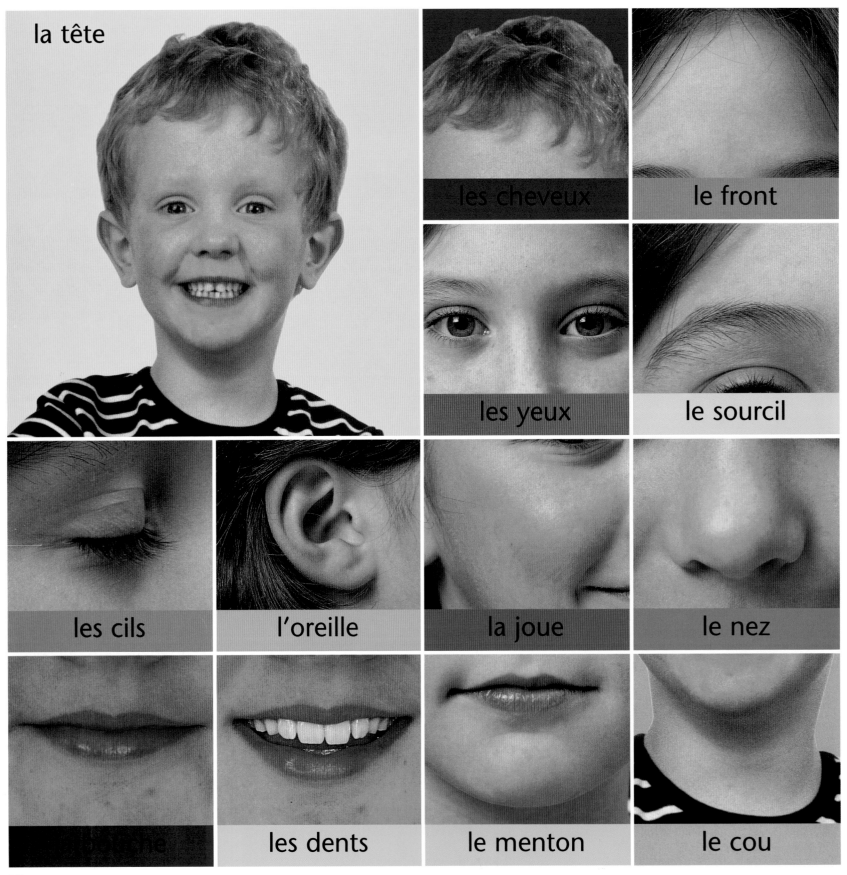

la tête

les cheveux

le front

les yeux

le sourcil

les cils

l'oreille

la joue

le nez

les dents

le menton

le cou

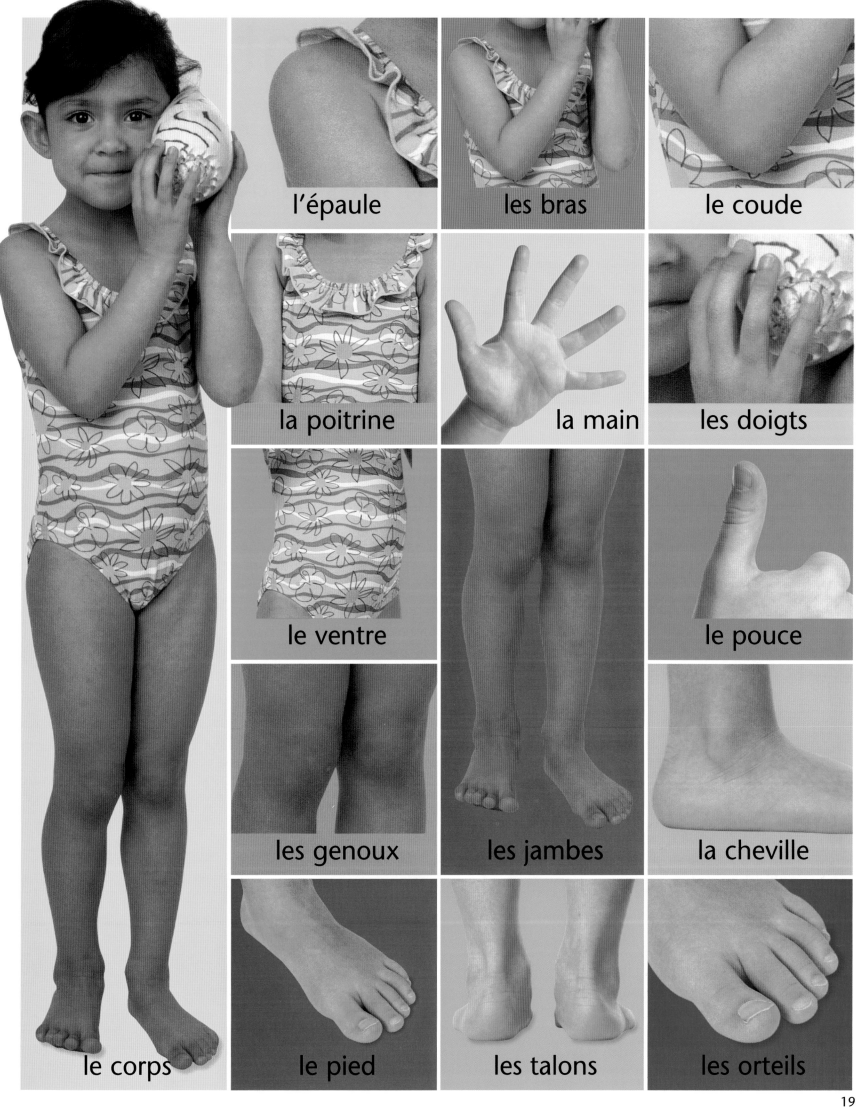

l'épaule

les bras

le coude

la poitrine

la main

les doigts

le ventre

le pouce

les genoux

les jambes

la cheville

le corps

le pied

les talons

les orteils

Les vêtements

Que portes-tu lorsqu'il fait froid?

Que portes-tu aujourd'hui?

un imperméable

un pyjama

une bavette

une veste

une salopette

des souliers

une camisole

une culotte

un jean

un caleçon

des bas

un manteau

une cravate

un anorak

des souliers de course

un pantalon

une robe

une casquette

une jupe

un t-shirt

des bottines

une chemise

une ceinture

un foulard

un chandail

des mitaines

des bottes
de caoutchouc

des gants

une tuque

des collants

À la maison

Compte les portes!   Où habites-tu?

De quelle couleur est la voiture?

une maison

une cheminée

un toit

une fenêtre

des volets

des balcons

une porte

des escaliers

un garage

des appartements

des maisons en rangée

La famille

Combien de personnes y a-t-il?

As-tu un animal familier?

Peux-tu trouver un garçon et une fille?

le grand-papa

la grand-maman

le papa

la maman

le frère

le chien

le chat

la sœur

23

Dans la maison

Nomme ces objets!   Vois-tu un tigre?

Quels objets fonctionnent à l'électricité?

une chaise   des journaux   un ordinateur   une plante

une photographie   une chaîne stéréo   une horloge   des clés

un téléviseur   des vidéocassettes

une table

une étagère

une commode

un aspirateur

une causeuse

un parapluie

un porte-poussière et une balayette

un tapis

un fauteuil

une radio

une planche à repasser

un fer à repasser

une armoire

un téléphone

un appareil photo

une laveuse

25

Dans la cuisine

Vois-tu de la nourriture? Trouve des cuillères!

Qu'est-ce que tu aimes cuisiner?

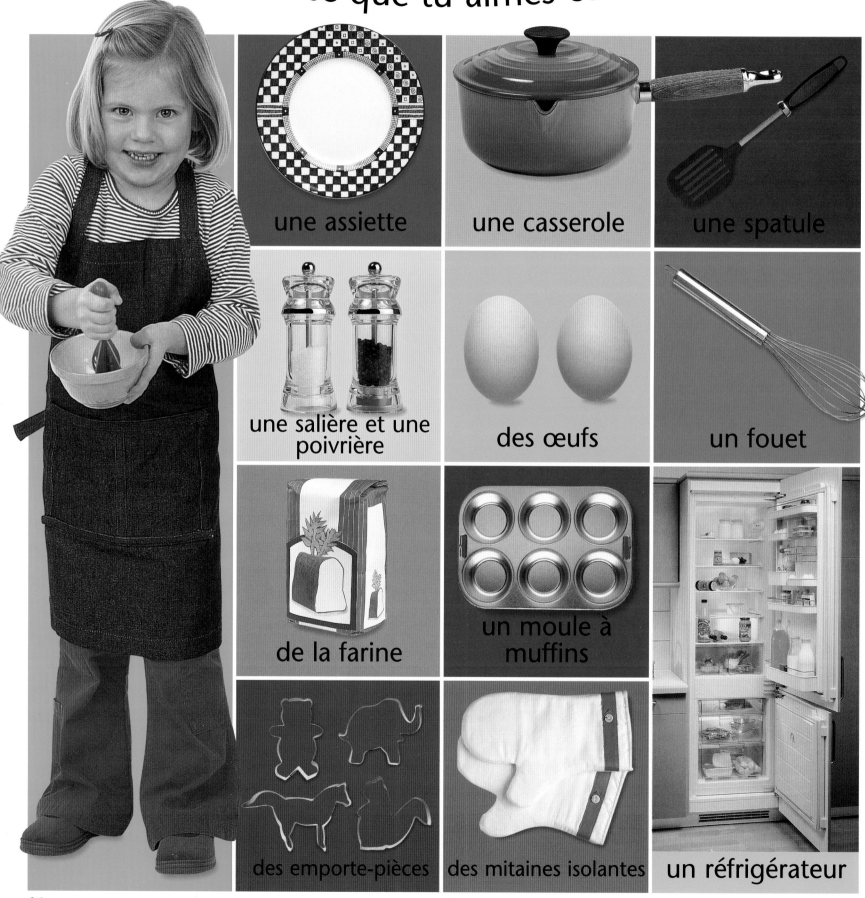

une assiette

une casserole

une spatule

une salière et une poivrière

des œufs

un fouet

de la farine

un moule à muffins

des emporte-pièces

des mitaines isolantes

un réfrigérateur

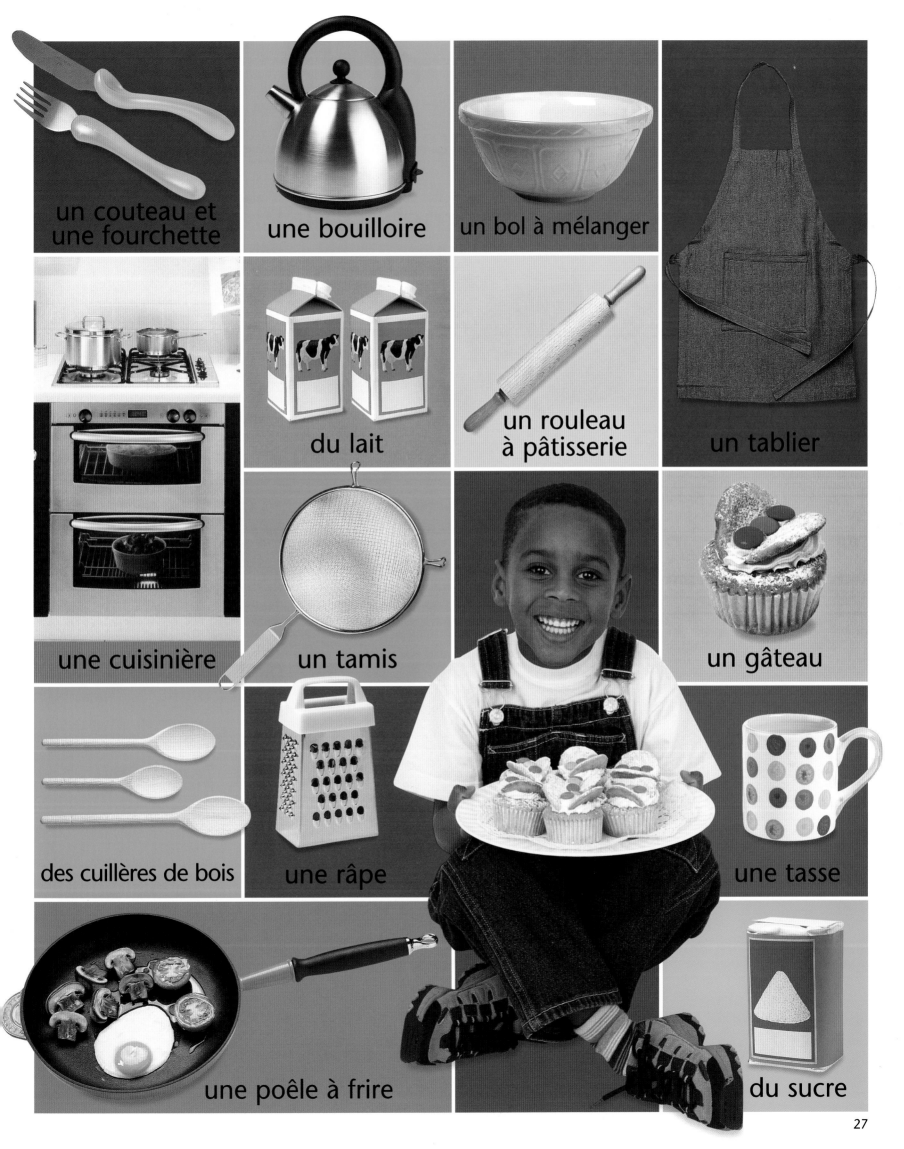

un couteau et une fourchette

une bouilloire

un bol à mélanger

un tablier

une cuisinière

du lait

un rouleau à pâtisserie

un tamis

un gâteau

des cuillères de bois

une râpe

une tasse

une poêle à frire

du sucre

27

La nourriture et la boisson

Trouve des aliments qui se mangent chauds!

Quel est ton mets préféré?

un sandwich

des pâtes

des céréales

un lait frappé

des saucisses

des fèves au lard

du maïs soufflé

du yogourt

de la pizza

une salade de fruits

une pomme de terre au four

un hamburger

une rôtie au fromage

une tarte aux pommes

des œufs durs

des gaufres

une salade

du pain

des légumes sautés

des biscuits

du jus d'orange

des frites

des muffins

des croustilles

une quiche

de la crème glacée

un beigne

du poulet

29

Les fruits

Où sont les poires?   Quel est ton fruit préféré?

Trouve tous les fruits rouges!

un ananas	des fraises	des pêches	des cerises
des bananes	des poires	des bleuets	des oranges
des prunes	des kiwis	des citrons	des raisins
un melon	des pommes	des framboises	une mangue

Les légumes

Nomme tous les légumes! Compte les légumes verts!
Où sont les pommes de terre?

un chou	des champignons	des courges	des carottes
des poivrons	des pommes de terre	un concombre	des tomates
un chou-fleur	des courgettes	des oignons	du brocoli
de la laitue	des pois	une aubergine	des épis de maïs

L'heure du jeu

Nomme les jouets!   Peux-tu trouver un dinosaure?

Quels jouets font de la musique?

des jouets en peluche

des billes

un tambour

de la pâte à modeler

une toupie

une corde à danser

des masques

un avion

un casse-tête en bois

un robot

un camion

un ressort

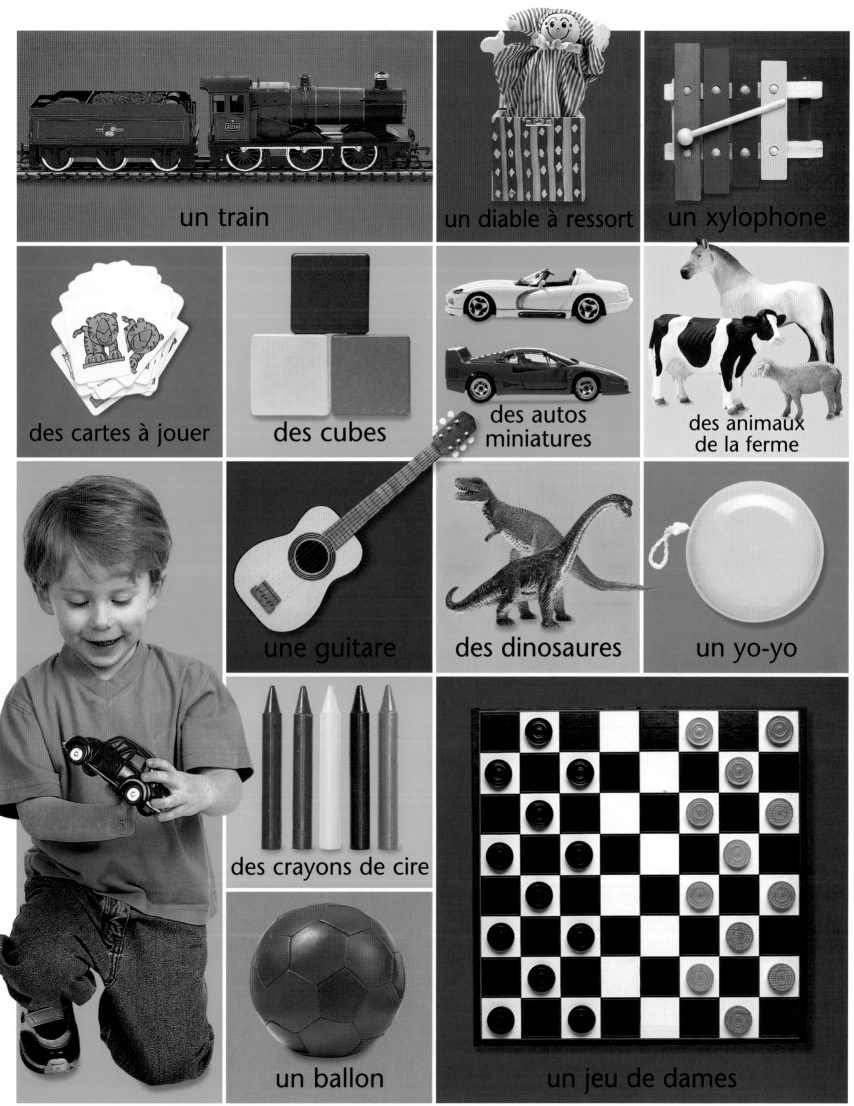

un train

un diable à ressort

un xylophone

des cartes à jouer

des cubes

des autos miniatures

des animaux de la ferme

une guitare

des dinosaures

un yo-yo

des crayons de cire

un ballon

un jeu de dames

L'heure du bain

Qu'y a-t-il dans le bain? Vois-tu un *pot*?

Peux-tu trouver des objets bleus?

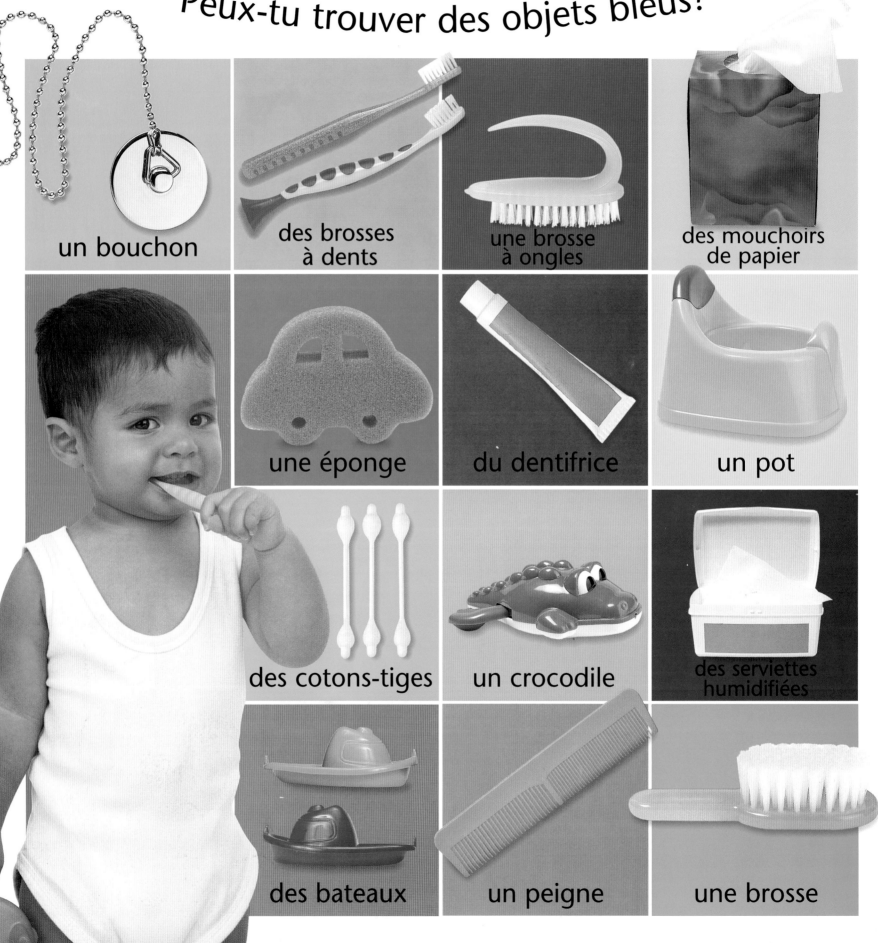

un bouchon

des brosses à dents

une brosse à ongles

des mouchoirs de papier

une éponge

du dentifrice

un pot

des cotons-tiges

un crocodile

des serviettes humidifiées

des bateaux

un peigne

une brosse

de la poudre

du shampoing

des tampons d'ouate

un canard

des débarbouillettes

du savon

un robinet

du papier hygiénique

une serviette

du bain moussant

une baignoire

un lavabo

L'heure du coucher

Combien d'oursons y a-t-il?   Trouve l'oreiller!

De quelle couleur sont les pantoufles?

la lune

des étoiles

une lampe

un pyjama

des oursons

des couvertures

un gobelet

des pantoufles

une bouillotte

un oreiller

un livre

des coussins

un lit

une couverture

un mobile

une lampe de poche

une robe de chambre

un koala

un lit de bébé

37

Dans le jardin

Qu'est-ce qui sent bon dans le jardin?
Combien d'insectes vois-tu?

des gants de jardinage

une coccinelle

des bulbes

des fleurs

un arrosoir

un papillon

des pots

un ver

des graines

un escargot

une fourche et un transplantoir

une pelle et un râteau

une brouette

une tondeuse

Dans la remise

Où est la scie? Combien y a-t-il de vis?

Qu'y a-t-il dans la boîte à outils?

des clés

un marteau et des clous

des vis

une perceuse électrique

des pinceaux

de la peinture

une corde

un ruban à mesurer

une scie

une burette

des tournevis

du papier d'émeri

une boîte à outils

À l'école

Montre-moi des lettres! Combien y a-t-il d'enfants?

Qu'est-ce qui sert à dessiner?

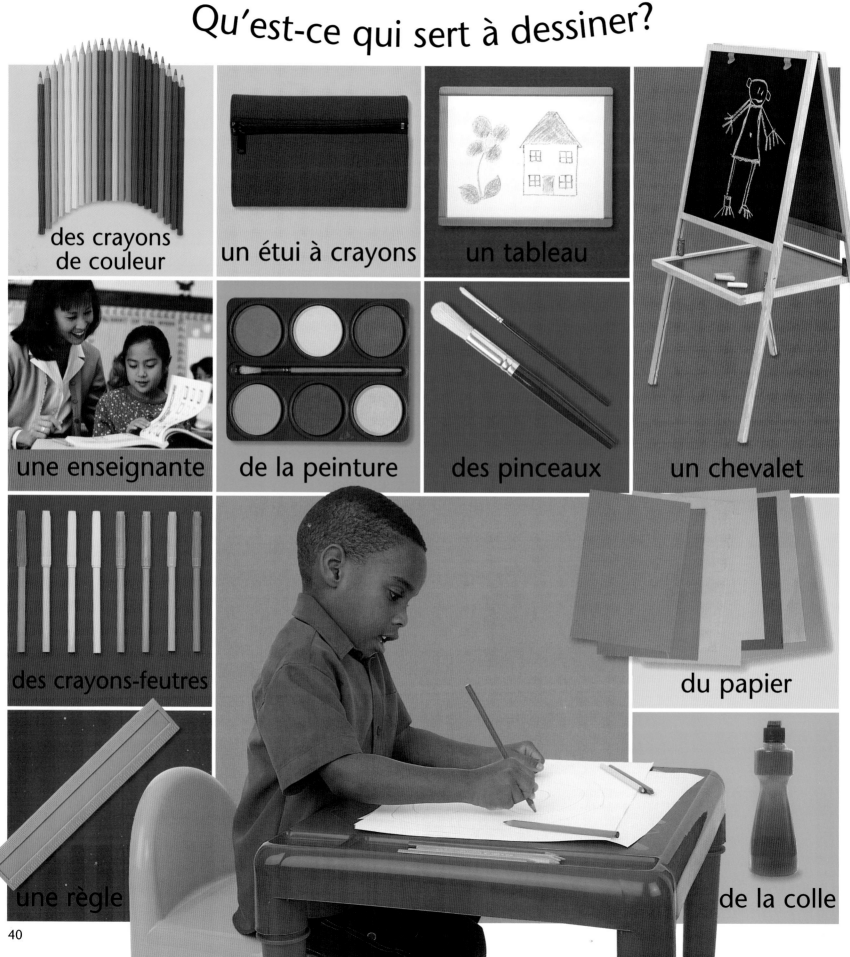

des crayons de couleur

un étui à crayons

un tableau

une enseignante

de la peinture

des pinceaux

un chevalet

des crayons-feutres

du papier

une règle

de la colle

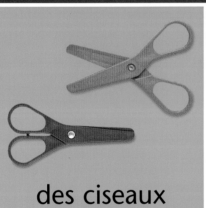
un tambourin

des enfants

un aimant

un sac d'école

des chiffres

des lettres

des ciseaux

des livres

des cymbales

une classe

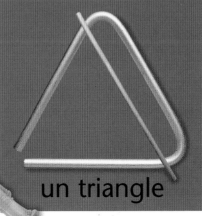
des craies

une boîte à lunch

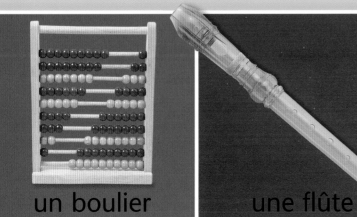
un boulier

une flûte

un triangle

des gommes
à effacer

Au parc

Combien de roues y a-t-il?

Que vois-tu quand tu vas te promener?

de la crème glacée

des cygnes

un étang

des bicyclettes

une structure à grimper

un tricycle

une fontaine

une statue

un pique-nique

une balançoire

un parc

une glissoire

une bascule

un banc

un carré de sable

des patins

un cerf-volant

des patins à roues
alignées

une poussette

un bâton et
une balle

une flaque d'eau

Au magasin

Trouve ton magasin préféré!   Vois-tu des fruits?

Où peut-on acheter du fromage?

un supermarché

une librairie

un chariot d'épicerie

un centre commercial

un magasin de jouets

une quincaillerie

une poissonnerie

un marché

une confiserie

un disquaire

un café

un fleuriste

un magasin de fruits et légumes

une boulangerie

une boucherie

un magasin de vêtements

un magasin de vélos

une caisse

une charcuterie

Les moyens de transport

Compte toutes les voitures!

Vois-tu des objets volants?

Nomme quelques moyens de transport!

un dirigeable

un deltaplane

un camion-remorque

un train

un vélo de montagne

une voiture

un voilier

un camion
d'incendie

un traversier

une motocyclette

une ambulance

des taxis

des bateaux à moteur

un avion

une montgolfière

un hélicoptère

un parachute

un avion à hélice

un monorail

une navette spatiale

le Concorde

un camion

un tramway

un autobus scolaire

un paquebot

une voiture de police

une voiture de course

À la campagne

Nomme les animaux! Nomme les fleurs!

Que vois-tu à la campagne?

une souris

des pissenlits

un hibou

des feuilles

des fourmis

une sauterelle

des fougères

un renard

un arbre

des marguerites

des glands

un ruisseau

un mille-pattes

une forêt

une abeille

un pont

un pic-bois

des baies

des boutons d'or

un écureuil

un pré

des marrons

un lapin

une libellule

un nid d'oiseau

une pomme de pin

des champignons

un crapaud

une allée

une chenille

des branches

une chute

À la ferme

Compte les canards!

Quelles machines vois-tu?

Qu'est-ce qui pousse dans un verger?

un tracteur

des cochonnets

un cochon

une maison de ferme

un chat

une cour de ferme

des tournesols

des poulets

des œufs

une grange

une dinde

un taureau

une vache et un veau

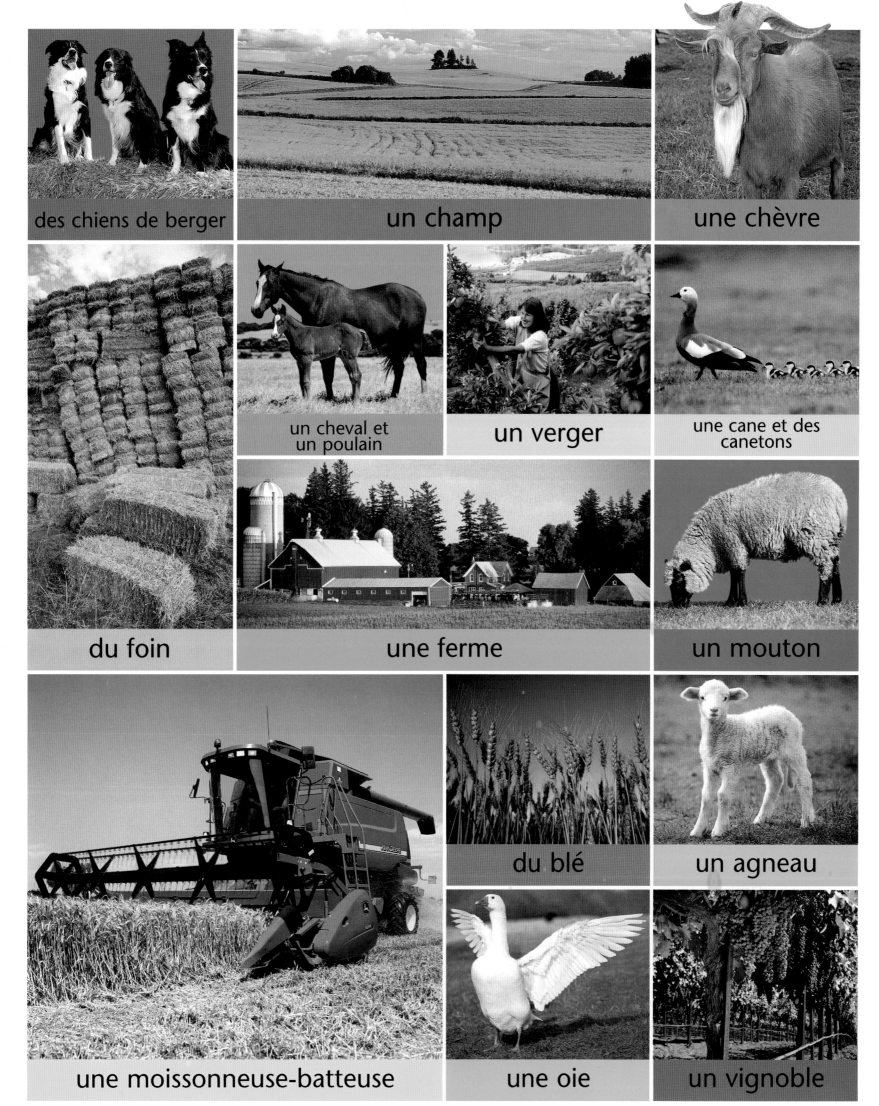

des chiens de berger

un champ

une chèvre

du foin

un cheval et un poulain

un verger

une cane et des canetons

une ferme

un mouton

une moissonneuse-batteuse

du blé

un agneau

une oie

un vignoble

51

À la mer

Vois-tu des châteaux de sable? Peux-tu trouver un ballon?
Quand portes-tu des palmes?

des coquillages

une plage

une mouette

une pelle

des brassards gonflables

un bâtonnet glacé

des châteaux de sable

des cailloux

des lunettes de soleil

un bateau de pêche

un virevent

un chapeau de soleil

un phare

un maillot de bain

des falaises

une étoile de mer

des palmes

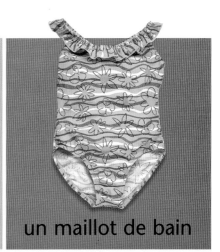
un maillot de bain

des vagues

un ballon de plage

un crabe

des algues

un seau

des sandales

53

Les animaux sauvages

Où est le loup?

Peux-tu trouver des oiseaux?

Quels animaux courent vite?

un aigle

une baleine

des koalas

une girafe

un dromadaire

un serpent

un kangourou

une autruche

des zèbres

un crocodile

un gorille

un lion

un hippopotame

un tigre

un requin

un orignal

des éléphants

un panda

une tortue

un léopard

des dauphins

des pingouins

un gnou

un loup

un rhinocéros

des ours polaires

Des animaux incroyables

Montre-moi ton préféré!

Vois-tu la chauve-souris?

Quels animaux vivent dans l'eau?

un coléoptère

un toucan

un hippocampe

un python

un scorpion

des scalaires

une grenouille

un flamant

un poisson-globe

un caméléon

une chauve-souris

une mante religieuse

un tatou

une méduse

une tarentule

un lézard

Les bébés animaux

Où sont les chiots? Peux-tu trouver des canetons?

Le poulain est le bébé de quel animal?

un bébé orang-outan

des chatons

un poussin

un jeune kangourou

un blanchon

un éléphanteau

des oursons

des veaux

des canetons

des chevreaux

un faon

des chiots

un poulain

des lionceaux

des bébés pingouins

des ratons laveurs

Le temps qu'il fait

Où est le *soleil?* Quand fait-il froid?

Trouve des éclairs!

un arc-en-ciel

le soleil

des nuages

du vent

des glaçons

du brouillard

une tornade

de la pluie

de la neige

une inondation

de la brume

des éclairs

Les saisons

Quand les feuilles tombent-elles?   Trouve les moutons!

Quand te baignes-tu dans la mer?

le printemps

l'été

l'automne

l'hiver

L'heure

Lis les chiffres sur l'horloge!

Peux-tu trouver la lune?   Quelle heure est-il?

le lever du soleil

le jour

le soleil

le déjeuner

le souper

le dîner

une horloge

l'heure du coucher

le coucher du soleil

la nuit

la lune

Index

abeille 49
agneau 51
aigle 54
aimant 41
algues 53
allée 49
ambulance 46
ananas 30
animaux de la ferme 33
anneau 9
anorak 21
appareil photo 25
appartements 22
arbre 48
arc-en-ciel 58
argent 9
armoire 25
arrosoir 38
aspirateur 25
assiettes 10, 12, 26
aubergine 31
autobus scolaire 47
autocollants 17
automne 59
autos miniatures 33
autruche 54
avions 32, 47

bagel 28
baguette magique 11
baies 49
baignoire 35
bain moussant 35
balançoire 43
balayette 25
balcons 22
baleine 54
ballons 11, 16, 33, 53
bananes 8, 30
banc 43
bas 8, 13, 20
bascule 43
bateaux 34, 46, 52
bâton et balle 43
bâtonnet glacé 52
bavette 20
beigne 29
bicyclettes 42
billes 11, 32
biscuits 9, 10, 17, 29
blanchon 57
blé 51
bleu 9
bleuets 9, 16, 30
bobines de fil 16
boîte à outils 39
boîte à lunch 41
bol à mélanger 27
bonbons 8, 17
bottes de
  caoutchouc 21
bottines 21
bouche 18
boucherie 45
bouchon 34
boucle 10
bouilloire 27
bouillotte 36
boulangerie 45
boule de Noël 11
boulier 41
boutons 10, 16
boutons d'or 49
bracelets 10, 13
branches 49
bras 19
brassards gonflables 52
brocoli 31
brosse 34
brosse à ongles 34
brosses à dents 34
brouette 38
brouillard 58
brume 58
brun 9
bulbes 38
burette 39

cadeau 16
café 45
cailloux 11, 52

caisse 45
caleçon 20
calepins 13
caméléon 56
camions 32, 46, 47
camisole 20
canards
  8, 16, 35, 51, 57
carottes 8, 31
carré 10
carré de sable 43
carreaux 10, 12
carte d'anniversaire 10
cartes à jouer 33
casquette 21
casserole 26
casse-tête en bois 32
causeuse 25
ceinture 21
centre commercial 44
cercle 10
céréales 28
cerf-volant 11, 43
cerises 30
chaîne stéréo 24
chaise 24
champ 51
champignons 31, 49
chandail 12, 21
chandelles 11, 16
chapeau de soleil 52
charbon 9
charcuterie 45
chariot d'épicerie 44
châteaux de sable 52
chats 9, 16, 23, 50, 57
chauve-souris 56
cheminée 22
chemise 13, 21
chenille 49
chevalet 40
chevaux 51, 57
cheveux 18
cheville 19
chèvres 51, 57
chiens 9, 23, 51, 57
chiffres 41
chou 9, 31
chouchou 13
chou-fleur 31
chute 49
cils 18
ciseaux 41
citrons 30
classe 41
clés 24, 39
clous 39
coccinelle 38
cochons 9, 50
cœur 11
cœur en chocolat 11
coléoptère 56
collants 21
colle 40
commode 25
concombre 31
Concorde 47
confiserie 45
contenant en carton 13
coquillages 8, 17, 52
corde 39
corde à danser 32
corps 19
cotons-tiges 34
cou 18
coucher du soleil 60
coude 19
cour de ferme 50
courge 31
courgettes 31
coussins 37
couteau 27
couvertures 36, 37
crabe 53
craies 41
crapaud 49
cravate 12, 21
crayons 16
crayons de cire 33
crayons de couleur 40
crayons-feutres 9, 40
crème glacée 29, 42
crevettes 9
crocodile 34, 54

croissant 11
croissant de lune 11
croustilles 29
cubes 11, 33
cubes de sucre 16
cuillères de bois 27
cuisinière 27
culotte 20
cygnes 42
cymbales 41

damier 12
dauphins 55
débarbouillettes 12, 35
déjeuner 60
deltaplane 46
dentifrice 34
dents 18
dés 11
diable à ressort 33
dinde 50
dîner 60
dinosaures 33
dirigeable 46
disquaire 45
doigts 19
dominos 12
drapeau 10
dromadaire 54

éclairs 58
écureuil 49
éléphants 9, 55, 57
emporte-pièces 26
enfants 41
enseignante 40
enveloppe 10
épaule 19
épis de maïs 31
éponge 34
escaliers 22
escargot 38
étagère 24
étang 42
été 59
étoile de mer 11, 53
étoiles 9, 11, 13, 36
étui à crayons 12, 40
éventail 10

falaises 53
faon 57
farine 26
fauteuil 25
fenêtre 22
fer à repasser 25
ferme 51
feuilles 8, 48
fèves au lard 28
flamant 56
flaque d'eau 43
fleuriste 45
fleurs 12, 17, 38
flûte 41
foin 51
fontaine 42
forêt 48
fouet 26
fougères 48
foulard 21
fourche 38
fourchette 9, 27
fourmis 48
fraises 8, 16, 30
framboises 30
frère 23
frites 29
fromage 8, 10
front 18

gants 9, 21
gants de
  jardinage 12, 38
garage 22
gâteau 27
gaufres 29
genoux 19
girafe 54
glaçons 58
glands 48
glissoire 43
gnou 55
gobelet 36
gommes à effacer 41

gorille 54
gourde 12
graines 38
grand-maman 23
grand-papa 23
grange 50
grenouille 56
gris 9
guépard 12
guimauves 16
guitare 33

hamburger 28
hélicoptère 47
hibou 48
hippocampe 56
hippopotame 54
hiver 59
horloge 24, 60

imperméable 20
inondation 58
insigne 11

jambes 19
jaune 8
jean 9, 20
jeu de construction 11
jeu de dames 33
joue 18
jouets en peluche 32
jour 60
journaux 24
jupe 12, 21
jus d'orange 29

kangourou 54, 57
kiwis 30
koalas 37, 54

lait 27
lait frappé 28
laitue 31
lampe 36
lampe de poche 9, 37
lapin 49
lavabo 35
laveuse 25
légumes sautés 29
léopard 55
lettres 41
lever du soleil 60
lézard 56
libellule 49
librairie 44
lignes ondulées 13
lions 54, 57
lits 37
livres 13, 37, 41
losange 11
lotion pour bébé 9
loup 55
lune 36, 60
lunettes de soleil 52

magasin de fruits et
  légumes 45
magasin de jouets 44
magasin de vélos 45
magasin de
  vêtements 45
maillot de bain 52, 53
main 19
maïs soufflé 28
maison de ferme 50
maisons 22
maman 23
mangue 30
mante religieuse 56
manteau 21
marché 44
marguerites 48
marrons 49
marteau 39
masques 32
méduse 56
melons 11, 30
menton 18
mille-pattes 48
mitaines 21
mitaines isolantes 26
mobile 37
moissonneuse-
  batteuse 51

monorail 47
montgolfière 47
motocyclette 46
mouchoir 10
mouchoirs de papier 34
mouette 52
moule à muffins 26
mouton 51
muffins 29

navette spatiale 47
neige 58
nez 18
nid d'oiseau 49
noir 9
nuages 58
nuit 60

œillet d'Inde 8
œufs 11, 16, 26, 29, 50
oie 51
oignons 31
olives 9
or 9
oranges 8, 30
orang-outan 57
ordinateur 24
oreille 18
oreiller 37
orignal 55
orteils 19
ours polaires 55
oursons 36, 57
ovale 11

pain 10, 29
palmes 53
panda 55
pantalon 21
pantoufles 13, 36
papa 23
papier 40
papier d'émeri 39
papier hygiénique 35
papillon 38
paquebot 47
parachute 47
parapluie 25
parc 43
pâte à modeler 32
pâtes 11, 28
patins 43
pêche 11, 30
peigne 10, 34
peinture 10, 39, 40
pelle 8, 38, 52
pensée 9
perceuse électrique 39
perles 17
phare 52
photographie 24
pic-bois 49
pièces de
  monnaie 9, 16
pied 19
pierre précieuse 9
pinceaux 39, 40
pingouins 55, 57
pique-nique 42
pissenlits 48
pizza 28
plage 52
planche à repasser 25
plante 24
pluie 58
poêle à frire 27
poires 30
pois 12, 31
poissons 12, 56
poissonnerie 44
poitrine 19
poivrons 31
pomme de pin 9, 49
pommes 8, 30
pommes de
  terre 28, 31
pont 49
porte 22
porte-monnaie 12
porte-poussière 25
pot 34
pots 38
pouce 19
poudre 35

poulain 51
poulets 29, 50
poupée russe 13
poussette 43
poussin 57
pré 49
printemps 59
prunes 30
pyjama 20, 36
python 56

quiche 29
quincaillerie 44

radio 25
raisins 8, 11, 30
râpe 27
râteau 38
ratons laveurs 57
rayures 12
rectangle 10
réfrigérateur 26
règle 40
renard 48
requin 55
ressort 32
rhinocéros 55
robe 21
robe de chambre 37
robinet 35
robot 32
rose 8, 9
rôtie au fromage 29
rouge 8
rouleau à pâtisserie 27
ruban 12
ruban à mesurer 39
ruisseau 48

sac de papier 13
sac d'école 41
salade 29
salade de fruits 28
salière et poivrière 26
salopette 20
sandales 53
sandwich 10, 28
saucisses 28
sauterelle 48
savon 35
scalaires 56
scie 39
scorpion 56
seau 9, 53
serpent 54
serviette 35
serviettes
  humidifiées 34
shampoing 35
sœur 23
soleil 58, 60
souliers 9, 16, 20, 21
souper 60
sourcil 18
souris 48
spatule 26
sphère 11
spirale 11
statue 42
structure à grimper 42
stylo 12
sucre 27
supermarché 44

table 24
tableau 40
tablier 27
taille-crayons 10, 17
talons 19
tambour 32
tambourin 41
tamis 27
tampons d'ouate 35
tapis 25
tarentule 56
tartans 13
tarte aux pommes 29
tasse 13, 27
tatou 56
taureau 50
taxis 46
téléphone 25
téléviseur 24
tête 18
tigre 55
toit 22
tomates 8, 31
tondeuse 38
tornade 58
tortue 55
toucan 56
toupie 32
tournesols 50
tournevis 39
tracteur 50
train 33, 46
tramway 47
transplantoir 38
traversier 46
triangle 10, 41
tricycle 42
t-shirt 21
tuque 21

vache et veaux 50, 57
vagues 53
valise 13
vélo de montagne 46
vent 58
ventre 19
ver 38
verger 51
vert 8
veste 20
vidéocassettes 24
vignoble 51
violet 9
virevent 52
vis 39
voilier 46
voitures 16, 46, 47
volets 22

xylophone 33

yeux 18
yogourt 28
yo-yo 10, 33

zèbres 12, 54
zigzags 13

61

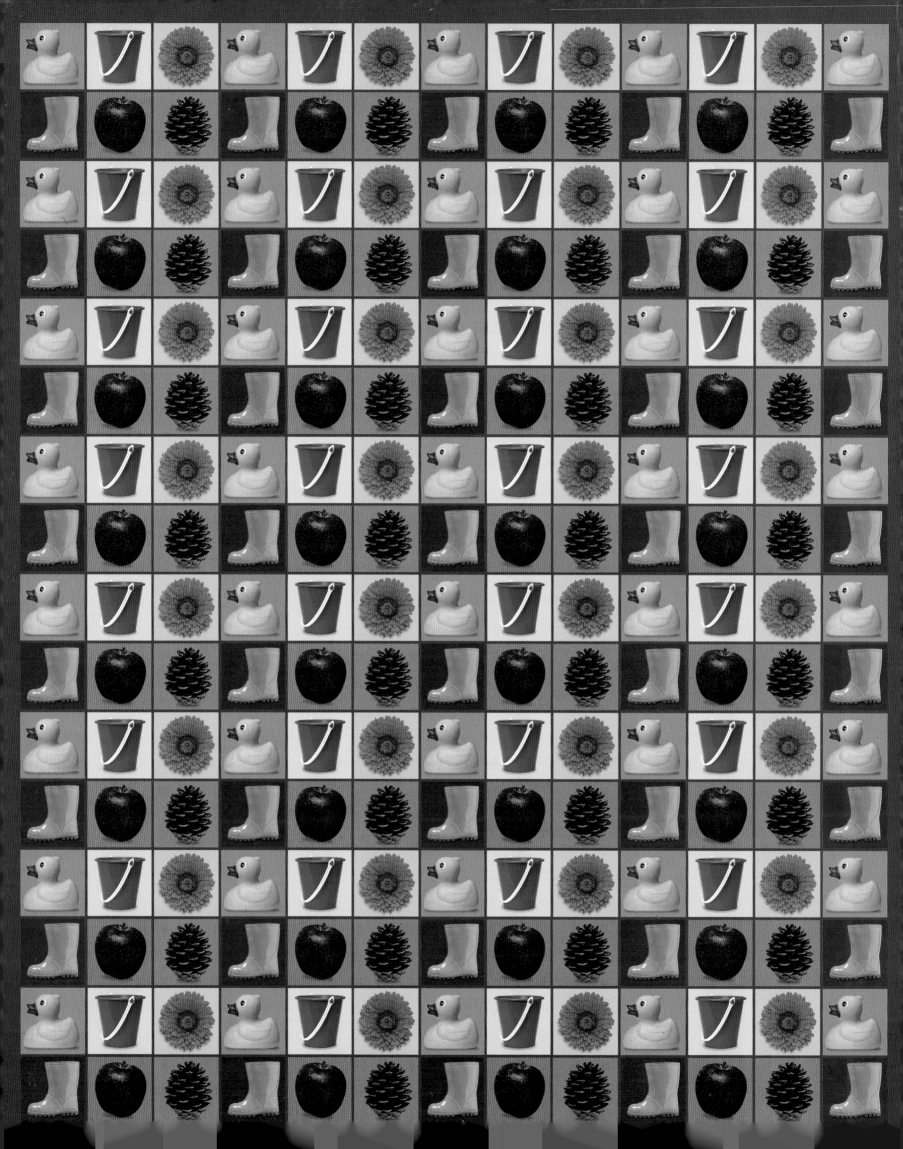